E kala mai ua ʻaihue wau i kāu popoki

Mahalo no ka hānai ʻana iā ia i koʻu hele ʻana

Hawaiian

Marcy Schaaf

Sorry I Stole Your Cat

Thanks for Feeding Her While I'm Away

Marcy Schaaf

Meet Delila, the lovable cat whose life takes an unexpected turn when her family gets a new puppy. Feeling left out and overwhelmed, Delila finds a new home next door with a kind single lady. But when the lady goes on vacation, Delila's old family steps in to help, and everyone learns a valuable lesson about change and love.

Sorry I Stole Your Cat, Thanks for Feeding Her While I'm Away
is a true story from Pahoa, Hawaii.

This delightful tale shows that even when life changes, it can still be filled with love, happiness, and new beginnings.
Join Delila on her heartwarming adventure and discover that no matter what happens, it's okay to embrace change!

This book is dedicated to Lux and Tula, the amazing kids next door.

Thank you for sharing your wonderful cat, Delila, with such open hearts and allowing her love to fill my life. Your kindness and understanding meant the world to both of us. Delila brought joy and comfort to my home when I needed it the most, and I hope she brought just as much happiness to yours.

Life has a funny way of bringing us together in the most unexpected ways, and I'm so grateful that our paths crossed. Lux and Tula, your generosity and love made all the difference, and for that, I am forever thankful.

Your friend and Neighbor,
Marcy Schaaf

Once there was a cat named Delila.

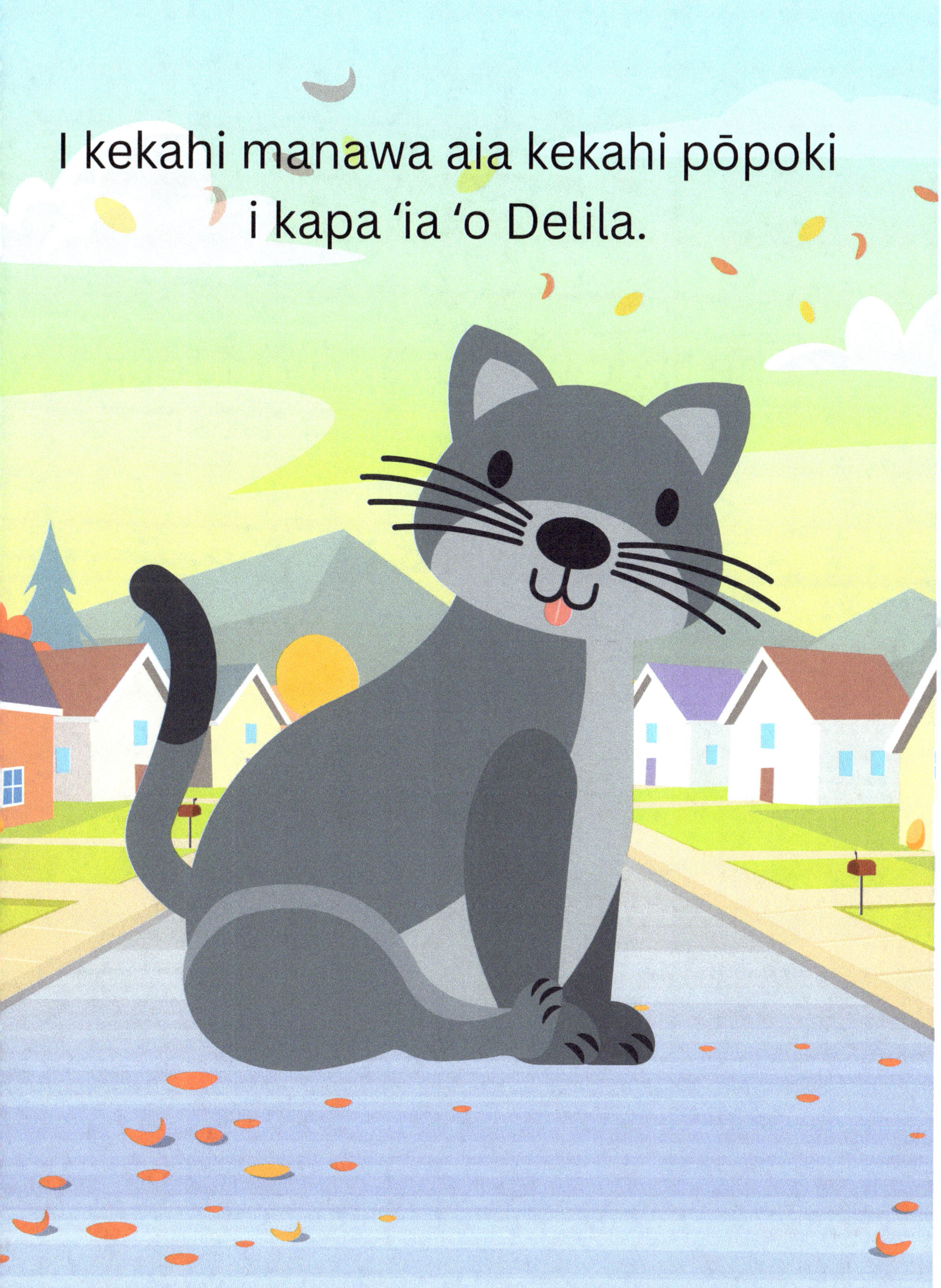

I kekahi manawa aia kekahi pōpoki
i kapa ‘ia ‘o Delila.

She lived with a family of four.

Noho ʻo ia me ka ʻohana ʻehā.

Mom, Dad, a girl, and a boy.

Māmā, Pāpā, he kaikamahine, a he keikikāne.

One day
they got a new puppy.

I kekahi lā ua loaʻa iā lākou kahi ʻīlio hou.

The puppy ate Delila's food.

‘Ai ka ‘īlio i ka ‘ai a Delila.

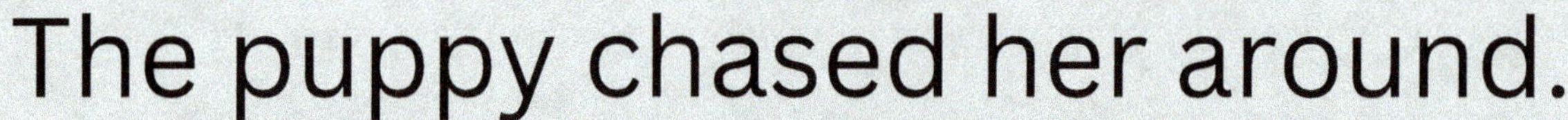
The puppy chased her around.

Ua alualu ka ʻīlio iā ia a puni.

It even took her spot in bed!

Ua lawe ʻo ia i kona wahi ma kahi moe!

Delila was old and
didn't wanna play with the puppy.

Ua ʻelemakule ʻo Delila a ʻaʻole makemake e pāʻani me ka ʻīlio.

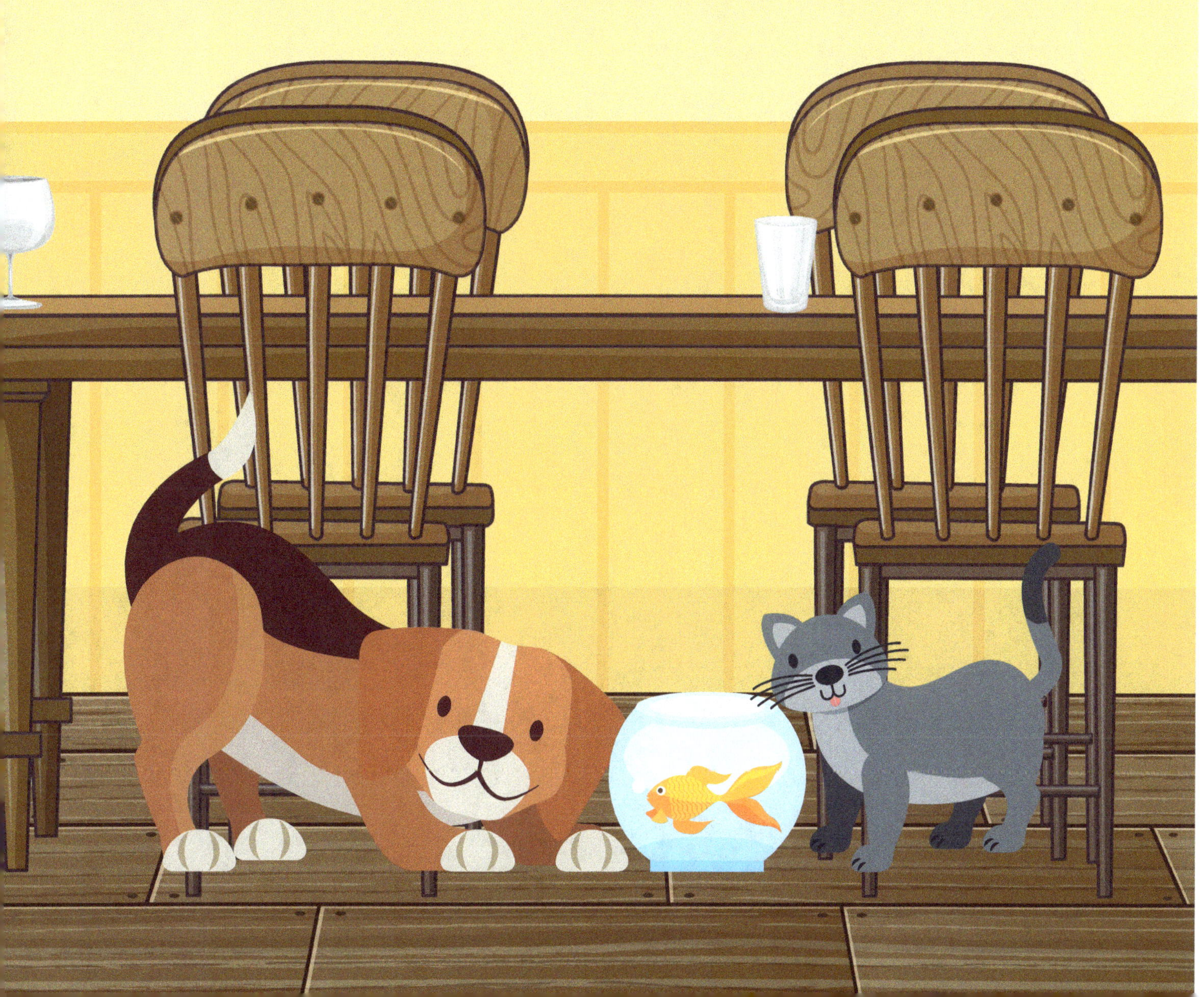

She found a peaceful home next door.

Ua loaʻa iā ia kahi home maluhia ma ka ʻaoʻao.

A lady lived there alone.

He wahine i noho mehameha.

The lady planted catnip for Delila.

Ua kanu ka lede i ka pipi no Delila.

She gave Delila lots of love.

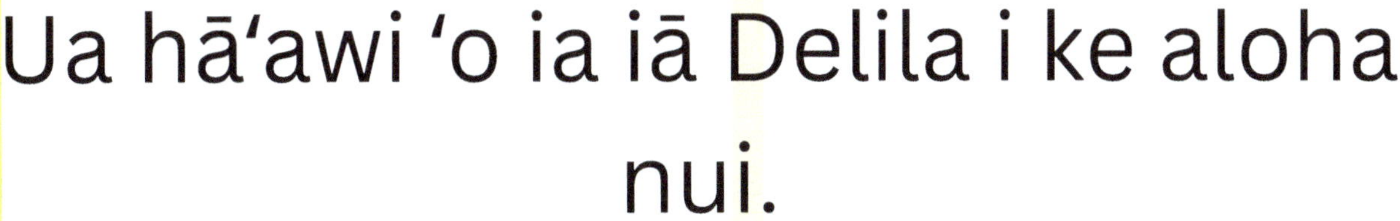

Ua hāʻawi ʻo ia iā Delila i ke aloha nui.

Delila had a new comfy spot.

He wahi ʻoluʻolu hou ko Delila.

In the lady's master bedroom.

Ma ka lumi moe haku o ka lede.

One day the lady
went on vacation.

I kekahi lā hele ka lede i ka ho‘omaha.

She asked the kids
next door for help.

Ua noi ʻo ia i nā keiki e pili ana i ke kōkua.

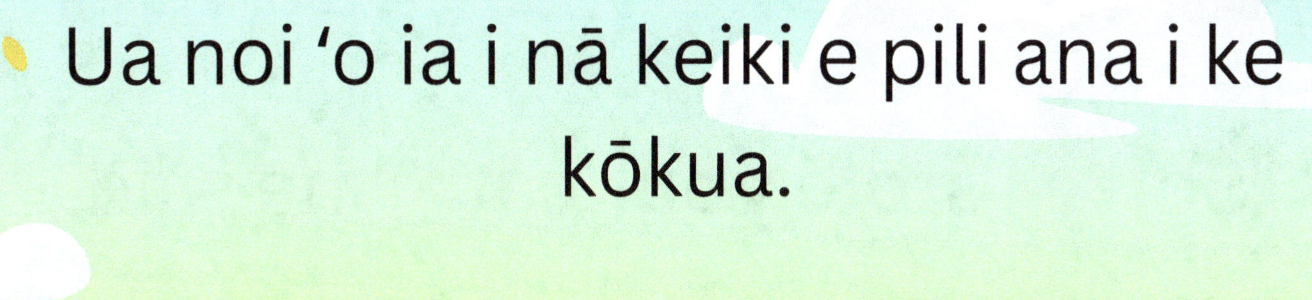

"**Sorry I stole your cat**," she said.

"E kala mai ua ʻaihue wau i kāu pōpoki," wahi āna.

"Thanks for feeding her
while I'm away."

"Mahalo no ka hānai ʻana iā ia
oiai au e hele ana."

The kids missed Delila.

Ua hala nā keiki iā Delila.

They were happy to help.

Ua hauʻoli lākou e kōkua.

They fed Delila every day.

Hānai lākou iā Delila i kēlā me kēia lā.

They played with her, too.

Ua pāʻani pū lākou me ia.

Delila felt loved and happy.

Ua aloha a hauʻoli ʻo Delila.

She had the best of both worlds.

Loaʻa iā ia ka maikaʻi o nā ao ʻelua.

A quiet home and playful kids.

‘O kahi home mālie a me nā keiki pā‘ani.

When the lady returned,
she thanked them.

I ka hoʻi ʻana mai o ka lede, mahalo ʻo ia iā lākou.

Delila purred contentedly.

Ua ʻoluʻolu ʻo Delila.

She was right where
she should be!

Ua pololei ʻo ia i kona wahi e pono ai!

Life changes sometimes
and that's okay.

Hoʻololi ke ola i kekahi manawa
a maikaʻi kēlā.

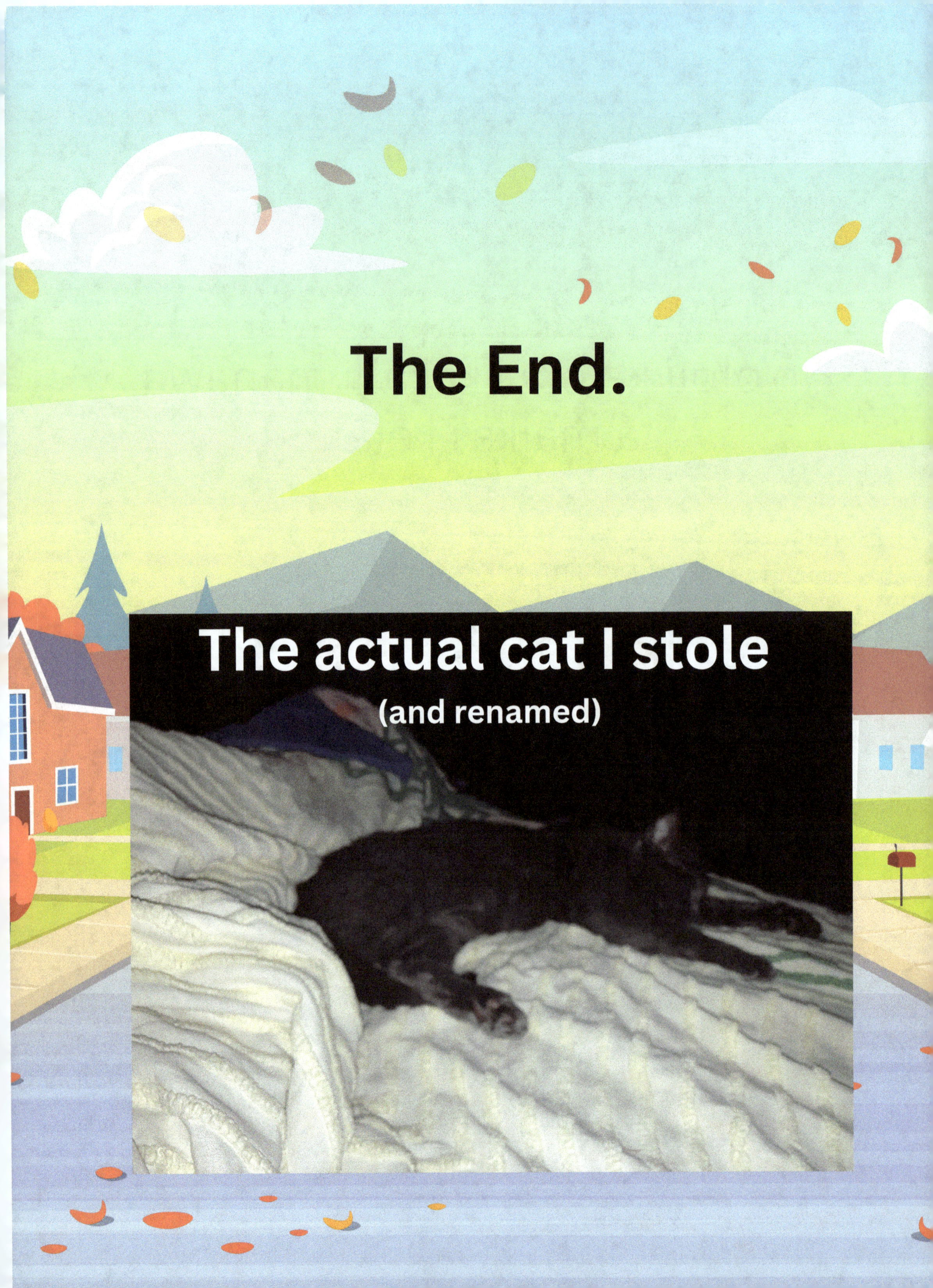
The End.
The actual cat I stole
(and renamed)

The real kids next door

Books By Schaaf

www.BookBySchaaf.com

Find us at:

www.ingramcontent.com/pod-product-compliance
Lightning Source LLC
LaVergne TN
LVHW080045170826
845677LV00024B/1621

* 9 7 9 8 3 3 0 2 7 6 4 4 8 *